Derya Uzun Aydın

Basında çıkan haberlerle Sakıncalı Heykeller

Derya Uzun Aydın

Basında çıkan haberlerle Sakıncalı Heykeller

Türkiye Alim Kitapları

Impressum / Künye
Bibliografische Information der Deutschen Nationalbibliothek: Die Deutsche Nationalbibliothek verzeichnet diese Publikation in der Deutschen Nationalbibliografie; detaillierte bibliografische Daten sind im Internet über http://dnb.d-nb.de abrufbar.

Deutsche Nationalbibliothek tarafından yayınlanan bibliyografik bilgiler: Deutsche Nationalbibliothek, bu yayını Deutsche Nationalbibliografie'de listeler; detaylı bibliyografik bilgi İnternet'te http://dnb.d-nb.de sitesinde mevcuttur.

Coverbild / Kitap kapağı resmi: www.ingimage.com

Verlag / Yayıncı:
Türkiye Alim Kitapları
ist ein Imprint der / yayınevinin bir ticari markasıdır
OmniScriptum GmbH & Co. KG
Heinrich-Böcking-Str. 6-8, 66121 Saarbrücken, Deutschland / Almanya
Email / E-posta: info@turkiye-alim-kitaplary.com

Herstellung: siehe letzte Seite /
Basım yeri: son sayfaya bakın
ISBN: 978-3-639-67404-0

İÇİNDEKİLER

ÖNSÖZ

Kitabın yayımlanmasında emeği geçen başta Mikail COL Bey'e ve Türkiye Alim Kitapları'na çok teşekkürler. Yine, eğitim hayatımda emeğini unutmayacağım değerli hocam sayın Prof. Dr. Semra Daşçı'ya da teşekkürlerimi bir borç bilirim.

Tüm hayatım boyunca çalışmalarımda madden ve manen desteğini hiç esirgemeyen canım annem ve sevgili eşim, sizleri çok seviyorum.

Son olarak, yukarıda bir yerlerde beni gördüğüne ve izlediğine ve hep yanımda olduğuna inandığım sevgili babam'a bu çalışmayı armağan ediyorum…..

I. GİRİŞ

Türkiye'de heykel sanatı geçmişten günümüze bir çok tartışmaya konu olmuş, yasak olup olmadığından, parçalanma, yıkılma veya kırılmaya kadar bir çok sorunsala maruz bırakılmıştır. İslâm inanışında putun yasak olması, bu sorunsalın insanlar tarafından büyütülmesine sebep olmuş ve olagelmektedir. Buna bir de ahlaki boyutlar eklenince, sorun gitgide dallanıp budaklanmaktadır.

Peki gerçekten, İslamiyet'te heykel yapılması yasaklanmış mıdır? Bu soruya cevap bulmak adına yapılan çalışmalar göstermiştir ki; aslında yasak kılınan "put ve put'a tapma" olgularıdır. Kur'an'da Maide Suresi (5-90) şöyle der; "Ey iman edenler, şarap, kumar, ensab (put) ve fal okları şeytan işi birer pisliktir, onlardan sakınınız ki felaha eresiniz" (Uzun Aydın, D., 2014, s.75.).

İnsanlar dinsel konularda çoğunlukla okuduklarından çok, büyüklerinden duyduklarına ya da gördüklerine inandıklarından dolayı, bir çok hadisi yanlış yorumlamış ve adeta heykele bir öcü gibi yaklaşmıştır. Geçmişte belki daha anlayışlı yaklaşabileğimiz bu tutumun, bugün de çok fazla değişmediğini görmek ve hatta televizyonlarda veya gazetelerde konuyla ilgili haberlere rastlamak, artık endişe verici bir hal almıştır. Bu doğrultuda da, basında çıkan haberler incelenmiş ve heykel sanatının Türklerle yaşadığı sıkıntılar belgelenmeye çalışılmıştır. Bugün gazete arşivleri ve gazetelerin internet sayfaları; yakın tarihlerden günümüze anıtların ve heykellerin "daha doğrusu sanatçıların" yaşadığı hazin öyküler ile doludur.

Türk heykel sanatı eğitim hayatına başladığı 1883 yılında, Yervant Oskan ile bu serüvene başlar. Sonra İhsan Özsoy, İsa Behzat, Mahir Tomruk ve Nijat Sirel gibi ilk Türk heykel sanatçıları yetişir. Ve bu sanat, özellikle Cumhuriyet dönemi ile birlikte gelişerek "anıt heykel kavramı" nın önem kazanmasıyla yol alır. (Uzun Aydın, D., 2014). Bu sayede kamu ve sanat ilişkileri gelişmiş ve geçmişin izlerini geleceğe taşımak amacıyla birçok esere imza atılmıştır. Burada yeni ideolojiyi

(Cumhuriyet) benimsetme amacının payı, oldukça büyüktür. Artık, köylerden kentlere her yer büyük önderin heykelleri ile bezenmektedir. Fakat bir süre sonra, siyasi görüşlerin egemenliği altında heykele bakış açısı değişecek ve kamu alanlarında heykel veya anıtlar farklı görüşlerin hedefi haline gelecektir. Nitekim, bugün bu görüşleri yansıtan bir çok habere tanıklık etmekteyiz. (Yasa Yaman, Z., 2011, s. 69-98).

"İdari ve kurumsal sığlık, heykel ve heykeltıraşa beslenen şüpheyle birleştiğinde sanata 'uhrevi' ve/veya 'dünyevi' dogmalarla saldırmanın bireysel ve kitlesel yolunu açmıştır" diyor Gürkan Öztan 'Türk'ün heykelle imtihanı' isimli yazısında. Ve devam ediyor; *"Kent kültürünün önemli özelliklerinden biri, şüphesiz sanatın kamusal görünürlüğe sahip olmasıdır. Günümüzün kentsel yaşama biçimi, sanat eserinin icrasının ve sergilenmesinin kapalı kapıların arkasına hapsedilmemesi ilkesiyle geçmişten farklılık arz eder. Şehrin hengâmesi içinde boğuşan yorgun ve bir o kadar bıkkın bireylerin, yaşam alanları içerisine sokulan sanat, kimi zaman anlık olsa da önemi yadsınamayacak bir ferahlama ve tebessüm vesilesidir. Sanatsallığın 'kamusal teşhirine' ve paylaşımına en elverişli olan sanat dalı ise heykeldir. Bulunduğu yere özgün bir kimlik katan heykel, mekânın fiziki sınırlarını aşarak, ona eşsiz bir anlamlandırma ve kendini ifade etme yetisi kazandırır. Ancak yaşadığımız coğrafyada heykel, sanatsal anlamda kıymet taşımaktan ziyade sosyopolitik bir dizi çatışmanın aracı haline getirilmiş ve belki de bu yüzden 'biçim'e indirgenerek anlam dünyasından koparılmıştır.*" (Öztan, G., 2006)

Murat Belge de "Heykel Savaşları" isimli yazısında; Türkiye'deki heykel kavgalarına değinmektedir. Bu doğrultuda şunları ifade eder;

"*Türkiyede çeşitli kavgalar süredursun, gizli ya da ortaya çıkmış bir başka kavga da kendini ele verir; heykel kavgasıdır bunun adı. Heykel kavgaları geçmişten günümüze modernleşiyor; kent kent örneklerini veriyor. Ahlaka aykırı görünmesi, en büyük suçu oluyor. Sonuçlar gelip dine dayanıp kalıyor. Türkiye uzun zamandır ağırlıklıklı olarak "Atatürk"ün heykellerinin yapıldığı bir yer olmuştur. bu da estetik olgudan siyasi olguya dönüşün bir göstergesidir. Ne yazık ki, bugün dahi hiçbir heykeli sağlam bırakmayacak kadar istekli bireylerin olduğu aşikar. Genelde de heykel "müstehcenlik"le suçlanıyor...".* (Belge, M., 2007, s.13).

II. SAKINCALI HEYKELLER

Cumhuriyet'in 50.yılı nedeniyle (1996), "İstanbul'da 20 heykel projesi" kararı alınmış ve yapılan heykellerden bazıları ya yerinden kaldırılmış ya da siyasi kesimlerin hedefi olarak parçalanıp-kırılmıştır. Gürdal Duyar'ın "Güzel İstanbul" heykeli bu bağlamda önemlidir. Benzer bir biçimde Kuzgun Acar'ın 'Tavus' heykeli, Bihrat Mavitan'ın 'Yükseliş' yapıtı, Metin Haseki'nin Gümüşsuyu Parkı'na yerleştirdiği 'Negatif Form', Fisun Onur'un Fındıklı Parkı'ndaki soyut kompozisyonu, Kamil Sonad "Nü" heykeli (İstanbul-Gülhane Parkı) buna örnek verilebilir. (Tekiner, A., 2010 ; İnce, Ö., 2011, s.18). Ayrıca, Prof. Dr. Tamer Başoğlu'na ait Yenikapı çıkışına bakır ve demirden yaptığı bir çalışma da, bir süre sonra aniden kaybolmuştur. Bu heykel Bedia Muvahhit adına Cumhuriyet'in 50.yılı için yapılmıştı. Şimdi heykelin nerede olduğuysa bilinmiyor. Başoğlu da şunları söylüyor: *"Cumhuriyetten ufak tefek fireler veriyoruz. Gözle görülür görülmez bir takım kayıplara uğruyoruz. Bu da, onlardan gözle görülür heykellerden birisi. Artık şimdi, 'sanatın içine tüküren' bir anlayış var. Heykeller bir şekilde yok ediliyor. Ortadan kaldırılıyor*". Heykeli ayakta kalan heykeltıraşlardan biri olan Prof. Dr. Ali T. Germaner ise, heykelinin bugüne kadar ayakta kalmasını, şaka yollu da olsa Mısır Konsolosluğu'nun kapısına yakın olmasına bağlamaktadır. Seyhun Topuz da (Ilgız) heykeli kaybolan sanatçılarımızdandır. 4. Levent girişinde olan heykelin, kendisinin ABD'de bulunduğu bir sırada, yol düzenleme çalışması nedeniyle kaldırıldığını ve bir daha heykelinden haber alamadığını belirten Topuz, "*çok kez soruldu nerede olduğu, ama bulunamadı. 12 yıldır heykelden haber yok. Bunlar dikildikleri yerlerin belediyesine devredilmiştir. Belediyelerin sahip çıkması gerekirdi"* şeklinde konuşmuştur. (Heykel Mezarlığı, 29 Ekim 1996, s.12)

Cumhuriyetin 50. yılında 1973'te yapılan 20 heykelden belediyenin sorumluluğunda olmasına karşın ancak 9 tanesi günümüze kalabildi. Oysa planlanan gerçekleşebilseydi bugün İstanbul'un çeşitli yerlerinde 250 heykel olacaktı.

Cumhuriyetin 50.yıldönümünde İstanbul'un çeşitli yerlerine dikilen 20 heykelden sadece 9'u ayakta kalabildi

Cumhuriyet: "Şanslı heykeltıraşlar ve heykelleri"

Mehves Evin "Türk'ün Heykelle İmtihanı" yazısında ise; siyaset ve heykel ilişkisini irdelemiş ve şunları söylemiştir:"......*Santral İstanbul'daki "İstanbul 1910-2010 Kent, Yapılı Çevre,ve Mimarlık Kültürü Sergisi"nde çok ilginç bir harita görmüştüm. İstanbul'un Heykel Haritası! Bu harita heykellerin akıbetini çok net sergiliyordu. 1973'te yaptırılan anıtlar, teker teker kaldırılmış veya ortadan yok olmuşlar. Heykellerin yok olma tarihlerine dikkatlerinizi çekerim:1982, 1984 ve 1986. Anlaşıldığı üzere siyasilerin heykel alerjisi devlet karakteri haline gelmiş durumdadır".*(Evin, M., 2011). "*Aydın çevreler, yaşanan olaylar sırasında sessiz kalmasaydı, toplum sanatına sahip çıksaydı ve en önemlisi sanatçı sanatçıyı destekleyip sesini duyursaydı, bugün çok şey değişmiş olabilirdi.*" diyor Zeynep Oral, "Yasaklar... Nereye Kadar?" ismini verdiği yazısında. (Oral, Z., 2011, s.19). Ancak burada ufak bir detayı belirtmek gerekir; Gürdal Duyar'ın "Güzel İstanbul"u Yıldız Parkından gözlerden ırak bir yere kaldırıldığında, olaya tepki olarak sanatçılar da 1974'te Taksim Sanat Galerisi'nde "Nü" konulu bir sergi yapmışlardır. Bunu örnek bir davranış olarak hatırlamakta fayda vardır. (Berksoy, F., 2012, s.30).

Güzel İstanbul

Gürdal Duyar adına en geniş ve anlamlı hikayeyi Tufan Türenç yazısında aktarmıştır. "*Geçtiğimiz günlerde heykeltıraş Gürdal Duyar'ı yitirdik*" diye başlamıştır yazıya ve devam etmiştir. "*...1974 yılı başında cumhuriyetin 50. yıldönümü nedeniyle kent meydanlarına dikilen heykellerden birisi de Duyar'a aittir ve o heykelin çok ilginç bir öyküsü vardır. Sanatçıdan Karaköy Meydanı'na dikilmek üzere İstanbul'u tasvir eden bir heykel yapması istenmiştir. Duyar, İstanbul'a âşık bir sanatçı olarak güzel, dişi bir kadın heykeli yapar. Sanatçı, geriye doğru hafifçe uzanmış çıplak kadın figürüyle İstanbul'u tasvir etmektedir. Heykel törenle Karaköy'e dikilir. Sonra da kıyametler kopar. O sırada ülkeyi CHP-MSP koalisyonu yönetmektedir. Yapıtı müstehcen bulan, bu nedenle de dini inançları rencide ettiğini öne süren MSP'liler, heykele fena takarlar ve kaldırılmasını isterler. Sonunda 21 Mart'ta bu 'edep dışı!' heykelin sökülüp atılmasına karar verilir. Heykel aynı günün gecesi balyozlu adamlar tarafından kaidesi parçalanır ve bir kolu koparılarak Karaköy'den sökülerek, bilinmeyen bir yere götürülür...*" Yazı işleri müdürü, Tufan Bey'i çağırarak heykelin bulunmasını ister. Heykel, Sahil Yolu'nda belediyenin deposu olarak kullanılan bir yerde bulunur. Ama o gün oradan da kaldırıp götürürler.

Heykel sırra kadem basmıştır. Günlerce peşine düşülür. Sonunda heykelin Yıldız Parkı'nın gizli bir köşesine dikildiği öğrenilir. Günlerce heykeltıraş Duyar aranmış, ancak kendisine ulaşılamamıştır. Heykeli gibi, kendisi de sır olmuştur. (Türenç, T., 2004).

Gürdal Duyar, "Güzel İstanbul".

Komünist "İşçi" Heykeli

Türkiye'de heykel hikayelerinden bahsedilince, Muzaffer Ertoran'ın 1973 yılında Tophane Parkı'na dikilen ve elinde balyoz tutan 'İşçi' heykelini de hatırlamakta fayda vardır. Bu heykel de, Türkiye'de heykelin yakın tarihte gördüğü muamelenin bir başka hazin öyküsünü anlatmaktadır. Bu heykel de, diğer çoğunun yaşadığı talihsizliklere benzer şeyler yaşar; defalarca saldırıya uğrar, tamir edilir yine tahrip edilir. Bugünse heykelin beton silueti vardır sadece. Heykel aslında, Almanya'ya giden işçilere hitaben Tophanedeki İş ve İşçi Bulma Kurumu yakınındaki Tophane Parkı'na dikilmiştir. Ancak nedense bazılarının hoşuna gitmez ve elinde balyoz olan işçinin 'komünist' olabileceği düşüncesiyle saldırılara maruz kalmıştır. (Kök, K., 2011).

2007 yılında hayatını kaybeden heykeltraş Muzaffer Eronat heykeli için şunları söylemiştir: "*Daha heykel bir yılını doldurmadan, önce parmaklarını kırdılar, sonra balyozun sapını. Yetmedi, ziftle yüzünü boyadılar. Sonra, zifti silmek bahanesiyle, yüzünü yok ettiler. Birkaç kez tamir ettim. Ama artık bıraktım yakasını. Kaç yıldır, her gün bir yerini kırıyorlar. Yine de tükenmedi. Ne zaman, bir makine gelip kökünden söküp götürse, 'oh tükendi' diyeceğim.*" (Akardaş, C., 2010). Ancak bir grup sanatçı, Eronat'ın yaşadığı haksızlığa sessiz kalmak istemez. Bu heykeli, bir gece yarısı Tophane Parkı'ndan söküp almak isterler. Amaçları bu unutulmuş heykele dikkat çekmek, sanatçının hakkını verip değeri bilinmeyenin değerini göstermektir. Hafriyat Grubu önderliğinde Yeni Sinemacılar ve Hazzavuzu'nun da katılımıyla oluşan grup, çok ilgi çekecek bir 'sanat aksiyonu' planlamıştır. Heykeli bir gece operasyonuyla yerinden alacaklardır. Heykel, parktan bir kaç yüz metre ilerideki Hafriyat galerisinde bir hafta tutulacak, sonra da kendilerini deşifre ederek heykeli aldıkları yere bırakacaklardır. Ama işler planladıkları gibi gitmez. Tam heykeli kazmış götüreceklerken, birileri gruba müdahale eder ve polisin de gelmesiyle iş tamamlanamaz. Hafriyat Grubu'ndan Murat Akagündüz heykeli yerinden alamasalar da, sonuçta hedeflerine ulaştıklarını söylüyor ve "*bence iyi de oldu,*" diyor. "*Heykelin üzerinde taşımış olduğu, yılların birikmiş tahribatını tüm boyutlarıyla görünür kılmaktı amacımız. Artık heykelin, 2010 Avrupa Kültür Başkenti olan İstanbul'un içerisindeki yerinin fark edilmesini istiyoruz. Biz yok olan diğer heykeller için de bir şeyler yapmış olduk.*" diyerek sözlerini tamamlıyor. (Akardaş, C., 2010).

Muzaffer Eronat, "İşçi".

Bir heykel rezaleti daha

Kadıköy Belediyesi tarafından 1990'larda düzenlenen ve adına "Önce İnsan" ismi verilen şenlik, iptal edilir ve şenliğe eserleri için davet edilen Şahin İnce'nin de aralarında bulunduğu birkaç ismin yapıtları ortada kalınca, olay basına yansır. İnce'nin sergilemek adına hazırladığı yaklaşık 17 heykel çalışması beş yıldır depoda bekler. Aradan geçen yıllardan sonra, aynı depo belediye tarafından imha edilir. Ayrıca sanatçının atölyesine ait yangın merdivenleri de, gerekçe gösterilmeden zabıtalar tarafından söküp atılır. Bu konuyla ilgili yapılan araştırmalar sonuç vermez ve belediye üyeleri sessiz kalır. Bu durumdan zarar gören İnce de şunları söyler: "*Yapıtın ortada bırakılma öksüzlüğü ise hala yaşanıyor. İlgisizlik kavramsızlığa katılım olsun diye, herhalde. Bu ayıp örtüsü derhal kaldırılmalı"*. (Batmankaya, M., 22 Temmuz 1995, s.13).

Hürriyet: "Şahin İnce ve heykeli"

Heykel Sorunu Bilirkişide

Heykel sanatçısı Hayri Karal'ın yaptığı bir heykelin, parasının ödenmediği ve montajının yapılmadan depoya kaldırıldığı gerekçesiyle; Ankara Büyükşehir Belediye adına açılan dava ise sürüyor. Karay, belediyeden maddi ve manevi olarak 680 milyon lira tazminat istiyor. Dosya bilirkişinin raporuna bırakılırken, dava sonraki bir tarihe ertelenmiştir. (Heykel sorunu Bilirkişide, 15 Haziran 1995, s.23).

Heykel düşmanları iş başında

Kaya Özsezgin yazdığı "heykel düşmanları iş başında" isimli yazısında şunları ifade etmektedir: "*Artık sürpriz sayılmayacak bir başka haber (Cumhuriyet, 14 Ocak) Atatürk heykellerinden birinin bulunduğu Pendik sahilindeki yeni meydan projesi nedeniyle Başöğretmen Atatürk anıtının iptaliyle ilgilidir. Yeni projede anıta yer verilmez. Konu bir anda uygulanır ve böylece varlığından rahatsızlık duyulan Atatürk heykellerinden biri daha, yerinden edilmiş olur. Anıta ve heykele karşı duyulan bu alerjik tepkiyle, cumhuriyetin kurucusuna ve onun simgeleşmiş kimliğinin heykel sanatı çevresinde oluşturduğu hoşgörü ve anlayışa yönelik tahripkâr tutum giderek yaygınlaşmış oluyor. Aydın çevreden gelmesi beklenen tepkiler ise şu anda ses getirmiş değil."*

(Özsezgin, K., 20Ocak2013: http://www.aydinlikgazete.com/yazarlar/128-kaya-oezsezgin/18562-heykel-dusmanlari-isbasinda-.html)

Ahlâksızlığın adını sanat koymuşlar. Ben böyle sanatın içine tükürürüm!

1989-94 yılları arasında Ankara için "Çevresel Sanat Etkinlikleri" çerçevesinde heykel ve anıtlar yapıldığı bilinmektedir. Bunlardan en bilinenleri Ankara keçileridir. 1994 yılında Ankara Büyükşehir Belediye başkanı olan Melih Bey, bir kısım heykelin uygulanmasını engellemiştir. Azade Köker'in "Tutku"su ile Mehmet Aksoy'un "Periler Ülkesi" "insanların bakıp orgazm oldukları" gerekçesi öngörülerek kaldırılmış ve şu söylemlere maruz bırakılmışlardır; *"Ahlâksızlığın adını sanat koymuşlar. Ben böyle sanatın içine tükürürüm,".* (Yasa Yaman, Z., 2011, s. 69-98).

Radikal: Mehmet Aksoy, "Periler Ülkesi"

Azade Köker "Tutku"

Mimarlar Odası ve Plastik Sanatlar Derneği, Altınpark'taki heykelleri "ahlaka aykırı" bularak kaldırtan RP'ne ateş püskürmüştür. Yapılan açıklamada şöyle devam edilmiştir; *"Bu, çağdaş sanatımıza, ortak zenginliğimize yapılan bir saldırıdır. Kendi sanatçılarımızın eserlerinin kendi kendimizi yönetme iddiasındaki bir belediye başkanı tarafından yok edilmesi üzüntü vericidir".* Dernek başkanı, Türk sanatçısı ve aydınlarının böyle durumlarda geri adım atmayacağına emin olduğunu söylemiştir. Öte taraftan sanatçı Mehmet Aksoy, sorumlulara karşı dava açacağını söyleyerek "*şikayetler var gerekçesiyle kaldırılan heykelin müstehcenlik bir yana, sevgi ve barışı simgelediğini" de ilave ederek "heykelimi geri isteyeceğim. Bu, bana ve sanatıma saygısızlıktır, çağdaş Türk sanatı yaşayacaktır"* diyerek konuşmasını sürdürmüştür. (Refahlıların heykel düşmanlığına tepki, 30 Mayıs 1994, s.4). Nitekim, Radikal Gazetesi'nin 26 Haziran 2002, s. 1 ve 5 teki haberlerine göre; "*Mehmet Aksoy'un heykeli için 'Böyle sanatın içine tükürürüm' " diyen belediye başkanı Gökçek için tazminat cezası ve heykeli yeniden yaptırma zorunluluğu"* na karar verildiği yazılmaktadır.

Ankara kenti heykelleri, maganda olarak adandıracağımız şahıslardan da sıkıntı yaşamaktadır. Örneğin, Yüksel Caddesi'ndeki "Ayakkabı Boyacısı" heykelinin kafası da tahrip edilmiştir. Başkentte bu şekilde, şehrin temsili birçok heykel tahrip edilmektedir. Daha önce "Etrafı Seyreden Adam" heykeli kırılmış, "Ayakkabı Boyacısı" heykelinin de sandığı ortadan kaldırılmıştı. Caddenin metro çıkışındaki bu heykelin bacağı daha önce yakılmış, üzerine de kırmızı boya sürülmüştü. Şimdi de, heykelin kafası delik açılarak ikiye ayrılmaya çalışılmış. Şehir magandaları görüldüğü gibi durmak bilmemektedir. (Becerikli, U., 24 Haziran 2004, s.25).

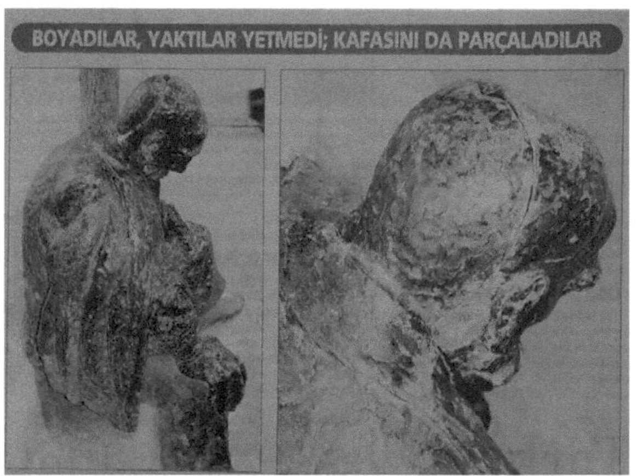

Becerikli, U: "Heykel Düşmanları" heykelin kafasını ikiye ayırdı!

Fatih'in Atına Cinsiyet Rötuşu

Heykel sanatının yaşadığı krizler, sıkıntılar saymakla bitmiyor. Bunlardan bir diğeri de; Fatih Sultan Mehmet heykeli ile ilgilidir. 2005 yılında Kültür Bakanlığı'nın aldığı bir kararla, "Fatih Heykeli Projesi"ne girişilmiştir. Kadıköy'de yapılması planlanan heykelin, Kadıköylülerce yapımı hoş karşılanmamış ve başka bir yerde yapılması ön görülmüştür.
(Yaman, Z. Y., 2011, 69-98: DOI: 10.4305/METU.JFA.2011.1.5).

Babaeski'de de, dönemin CHP'li Belediye Başkanı tarafından Fatih Sultan Mehmet ve İsmet İnönü heykelleri yaptırıldığı bilinmektedir. 20 milyar liraya mal olan iki heykelden İnönü heykeli, İsmet İnönü Parkı'na dikilirken, Fatih heykeli, heykeltıraş Tülin Özdemir Atalay tarafından zamanında yetiştirilemez. Heykel, 18 Nisan seçimlerinde milletvekilliğine aday olan başkanın istifasının ardından ilçeye getirilmiştir. Seçimde Belediye Başkanlığı'nı kazanan CHP'li bir diğer başkansa; Fatih'in atının çift cinsiyetli olarak yapıldığını, Fatih'in ise padişaha hiç benzemediğini söyleyerek şunları ifade etmiştir: ''*Heykel 2 yıl önce 8 milyar liraya*

yaptırılmış. Bu, belediyemiz için ciddi bir rakam. Heykeli, belediyeye yardım yapan bir kuruluşla takas etmek istiyoruz. Ya da heykeltıraşı mahkemeye verip parayı geri alacağız.''
(Gökçe, G., 12-06-2000: http://hurarsiv.hurriyet.com.tr/goster/ShowNew.aspx?id=-160776) . Tüm bu gerekçeler neticesinde, heykel depoya kaldırılır. Heykeltıraş Özdemir de, başkanla iletişime geçer ve heykeldeki değişimleri yapacağını ifade edince, başkan bu heykeli *"tüm eksiklikler giderildikten sonra otogar yanındaki büyük parka diktireceklerini"* ifade eder. (Gökçe, G., 21 Kasım 2000, s.4). Ancak heykel krizi bir türlü aşılamamıştır. Şimdi de, Fatih heykeli buharlaşıp yok olmuştur. Metin Karakuş, "İkinci Mehmet'e ikinci büyük ayıp" başlıklı Milliyet Gazetesi'ndeki habere göre " *Çift cinsiyetli olduğu düşünülerek heykeltıraşa geri gönderilmek üzerine kaldırılan Fatih heykeli, ortadan kayboldu. Onu son görenler, belediyeye ait bir aracın heykeli aldığını söylerken, belediye başkanı ise bu durumu yalanlamaktadır. Heykeltıraş Tülin hanım ise, heykelin yok edilmek adına eritildiğini düşünmektedir. Nitekim kendisi eksiklikleri gidermek adına, heykelini atölyesine bıraktığını söyler. Atölye sahibiyse, "depomuzda aylarca bekledi ve tamiri için kimse para vermeyince sonunda gelip aldılar"* şeklinde konuşmaktadır. (Karakuş, M., 26 Nisan 2002, s.4).

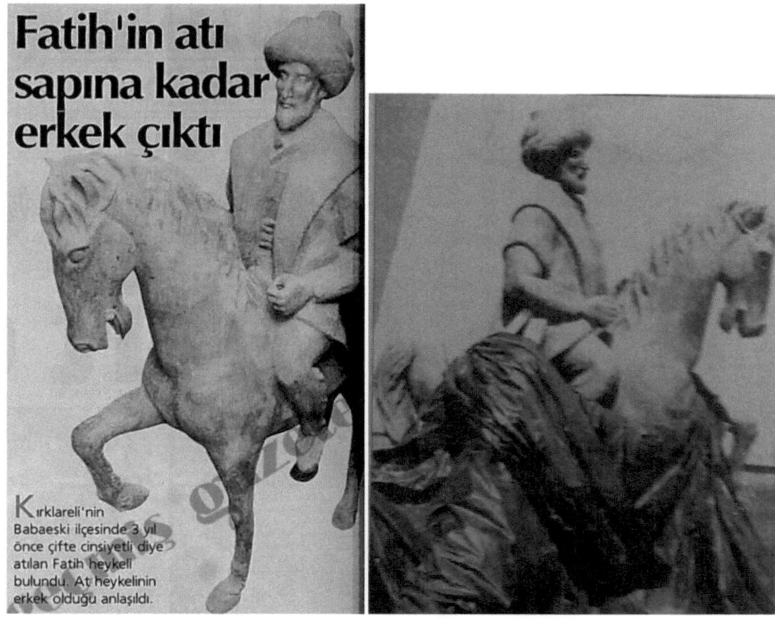
Fatih'in atı sapına kadar erkek çıktı

Kırklareli'nin Babaeski ilçesinde 3 yıl önce çifte cinsiyetli diye atılan Fatih heykeli bulundu. At heykelinin erkek olduğu anlaşıldı.

Çift cinsiyetli heykel; Fatih'in Atı *Milliyet: Örtülü Fatih heykeli*

Ucube Heykel!

Bir diğer yapıt öyküsü, Mehmet Aksoy'un İnsanlık Abidesi ile ilgilidir. Mehmet Aksoy'un eseri 'İnsanlık Abidesi'ne başbakanın: "*Hasan Harakani'nin türbesinin yanına bir ucube koymuşlar, garip bir şey dikmişler. Oradaki tüm vakıf eserlerinin, o sanatkârane eserlerin olduğu yerde böyle bir şey olması düşünülemez. Konuyla ilgili olarak belediye başkanımız görevini süratle yerine getirecektir.*" söyleminden sonra belediye tarafından yıkılmak istenmiştir. Heykeltıraş Mehmet Aksoy da yaptığı basın açıklamasında eseri için: *"Sarıkamış'ta, Kars'ta, Çanakkale'de ölen tüm şehitlerimizin barış arzularını ruhlarını göğe yükseltiyor bu anıt. Savaşları mahkûm ediyor. İnsan olma yolunda ilerleme kaydetmek istiyorsak barış içinde yan yana yaşamak hayatı daha derinden anlamlı hoşgörü içinde birbirimizi kucaklamak gerekir duygusunu veriyor"* diyor. Bu heykelin projesi, o dönem AKP'li olan Kars Belediye başkanı tarafından Beykoz Rotary Kulübü'nün koordinatörlüğünde gerçekleştirilmiştir. Ermenistan'daki anıta alternatif olarak yapılması planlanan anıta, o dönem AKP ve medyası sahip çıkmıştır. Sonra neler değişmiştir ve heykel yerinden kaldırılmıştır, burası tartışılır. (Kök, 2011, s.25-32 ; Yazıcı, B., 2011).

Mehmet Aksoy, "İnsanlık Anıtı"

Bir başka habere göre; "*Heykeltraş Mehmet Aksoy, daha önceki heykellerinin yerine konulmaması üzerine açtığı davayı kazandı*", denilmektedir. Büyükşehir Belediyesi, aleyhinde açılan tazminat davasında 10 milyar ödemeye mahkum edilmiştir. Mehmet Aksoy'un anlaşmalara tabii olarak, Büyükşehir Belediyesi için "Gökkuşağının Altında" ve "Nergis" isimli heykellerinin yerine dikilmemesi üzerine açtığı davası nihayetlenir ve Mahkeme, Belediyeyi tazminat ödemesinin yanı sıra, sanatçının eserlerini geri iade etmesi ve kararın basın yoluyla ilanını zorunlu kılar. Altınpark için yapılan ve 20 m. uzunluğundaki "Gökkuşağının Altında" ismi verilen çalışma, suyun hareketlerinin mermer ile kompozisyonu düşünülerek yapılmıştır ve oluşacak yapay gökkuşağı altından insanların geçmesi tasarlanmıştır. "Nergis heykeli" de, su ve mermer kompozisyonunu içermekte ve ASKİ önüne yerleştirilmesi tasarlanmaktaydı. Özellikle "Gökkuşağının Altında" heykeli, cinsellik içeriği taşıdığı gerekçesiyle yerine kondurulmamıştır. (Köprülü, A., 12 Kasım 2000, s.3).

Sabah: Cinsellik içeren "Gökkuşağının Altında" heykeli

Bu heykel birilerini fena tahrik etti!

Zafer Sarı'nın heykeli de 'fazla müstehcen' bulunur. Antalya'da Liman Caddesi'nde Sarı'ya ait olan "Aşk Yağmuru" heykeli tartışmalara yol açmıştır. Liman Caddesi'nde birbirini kucaklayan altı metrelik kadın ve erkek figüründen oluşan heykelin alt kısmında Kemer yazmaktadır. Kemer'in CHP'li eski Belediye Başkanı 'fazla müstehcen' diye nitelediği heykelin kaldırılması talebiyle Kemer Kaymakamlığı'na başvurur. Heykelin, genç kızların ahlakını ve ailelerin huzurunu bozduğunu ileri süren başkan şöyle konuşur: "*Heykelin dikilmesinin ardından vatandaşlar sürekli beni arayıp şikâyetlerini iletti. En son da 40 kişilik bir grup yanıma geldi ve heykeli yıkacaklarını, taşlayacaklarını söyledi. Sanat eserlerine saygılıyız ama böyle bir heykel Kemer'in göbeğine konulamaz. Kemer'de sadece turistler yaşamıyor, genç kızlarımız ve ailelerimiz de var. Onların ahlakının bozulmasına müsaade etmeyiz."* Heykeltıraş Sarı da tepkilere şaşırdığını ifade ederek şunları söyler: *"Eser aşk ve sevgiyi anlatıyor. Saf duyguların bu şekilde kirletilmesinden üzüntülüyüm.* Bu heykel birilerini fena tahrik etti!*"* (http://www.radikal.com.tr/haber.php?haberno=23117&tarih=6/9/2007). (Radikal, 6 Eylül 2007, s.5).

Zafer Sarı, "Aşk Yağmuru"

Heykele Sünnet

Rasim Özgür'ün Sansür Edilen Heykeli içinse, gazetelerde şunlar yazılmıştır:

Cinsel Organı büyük diye İzmir eski Büyük Şehir Belediye Başkanının yerinden kaldırttığı heykel, sünnet edilip, uzuvları küçültüldükten sonra yerine dikildi. Kalçasındaki derin hatlar alınan, erkeklik organı traşlanarak ortadan kaldırılan ve üzerindeki sıkı tayt da dar pantolona dönüştürülen heykel için bir yıl önce İnciraltı Gençlik Parkına bir genç heykel yapımı için harekete geçilmiştir. Dokuz Eylül

Üniversitesi Yrd. Doç. Dr Rasim Özgür'den milli duyguları ifade eden bir heykel yapması istenir ancak sonuç; "*organı çok büyük....*" Nihayetinde Buca Gediz Atölyesine kaldırılan heykelin fazlalıkları kaldırılır ve tayt yerine pantolon giydirilir. (Şenyapılı, Ö, 2003, s.108-111 ; Şahin, B., 1998.)

Şahin, B : Heykele Sünnet!

Nedir bu heykellerle alıp veremediğimiz!
Kral Attalos Sapık mıydı?

Antalya'da Kalekapısı mevkisindeki, Bergama Kralı II. Attalos'un heykeli, bir süre Antalya gündemini meşgul etti.(http://www.ntvmsnbc.com/id/24953327/page/2/ :NTVMSNBC)

Hürriyet-Pazar Eki, 15 Şubat 2004, s.1, 12-13.

Nedir bu h

alıp verem

Edremit'teki Sarıkız heykelinin memeleri belediye meclisinde uzun uzun tartışıldı.

Hürriyet Pazar:15 Şubat 2004, s.1, 12-13

Savaşa giden ağabeyi için "öldü" denilince Bergama Kralı olarak tahta oturan Attalos'un bir süre sonra ağabeyinin dönmesi ve tahtı ağabeyine terketmesi üzerine aldığı 'kardeş seven' unvanı, Antalya'da bazı kesimlerce farklı düşünüldü. Heykel, Kral Attalos'un 'sapık' olduğunu ileri süren grubun protestolarına rağmen Mart 2004'te Kalekapısı'ndaki yerine konuldu.

Nene Hatun Tüfekli miydi? Baltalı mı?

Rus ordusuna karşı savaşan yerel kahraman Nene Hatun'un heykeli Erzurum'da tartışmalara neden oldu. Süleyman Demirel'in talimatıyla yapılan heykel, Nene Hatun'un elinde silah, sırtında yavrusu ile cephede savaşan halini tasvir ediyordu. Ama Nene Hatun bekârdı. Yani çocuğu olamazdı. Üstelik elinde tüfek vardı ve bunun satır olması gerekiyordu. Kültür eski Bakanı İstemihan Talay'ın ziyareti sırasında Erzurumlulular'ın sıkıntısı Bakan Talay'a aktarıldı. Bakan şikayetleri haklı buldu ve yeni bir heykel yapılması talimatını verdi.

Türkiye'nin heykelle imtihanı!: http://www.ntvmsnbc.com/id/24953327/page/2/ :NTVMSNBC

Noel Baba diplomatik kriz yarattı

2000 yılında Demre'de Rusya tarafından gönderilen bronz Noel Baba heykeli, "Noel Baba'nın, dünyaca tanınan görüntüsüyle uyuşmadığı" gerekçesiyle, Demre Belediye Başkanı Süleyman Topçu tarafından müzeye kaldırıldı.

Bu girişim, Türkiye ile Rusya arasında diplomatik krize neden olurken, Rus heykeltıraş Grigoriy Pototosky, Türkiye'ye bağışladığı heykelin kilise girişinden kaldırılmasını anlamsız bulduğunu belirtti, olay Rus gazetelerine, *"Türkler Aziz Nikolaus'u Santa Klaus ile değiştirdiler"* şeklinde yansıdı.

Türkiye'nin heykelle imtihanı!: http://www.ntvmsnbc.com/id/24953327/page/2/ :NTVMSNBC

Keyhüsrev'in Tartışmalı Heykeli

Antalya'da, şehrin fatihi Anadolu Selçuklu Sultanı Gıyaseddin Keyhüsrev'e ait heykel, önce Keyhüsrev'in üzerinde bulunduğu atın normal boyutundan küçük oluşuyla tartışma konusu oldu. Büyükşehir Belediyesi tarafından heykelin bulunduğu

Meydan Kavşağı'na köprülü kavşak yapılmasına karar verildi. Bu yüzden heykel, Topçular'daki şehiriçi otobüs garajına kaldırıldı. Aylardır otobüs garajında bekleyen Keyhüsrev heykelinin son olarak Antalya'nın Aksu beldesindeki kavşağa dikileceği açıklandı.

Şeytan Heykeli

Diyarbakır Bağlar Belediyesi bahçesinde 2003 yılında yaptırılan kanatlı kadın heykeli, kentte 'Şeytan heykeli' tartışması yarattı.

Kentte yayınlanan bazı yerel gazeteler, söz konusu heykelin şeytanı temsil ettiğini savunarak, buna "Şeytan heykeli" derken, Bağlar Belediye Başkanı Yurdusev Özsökmenler ise heykelin özgür kadını temsil ettiğini savundu.

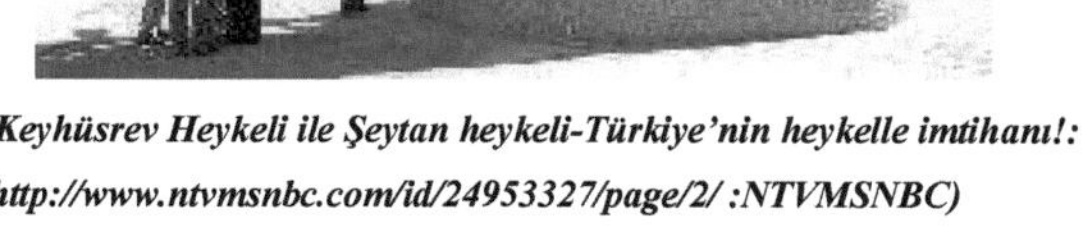

Keyhüsrev Heykeli ile Şeytan heykeli-Türkiye'nin heykelle imtihanı!: http://www.ntvmsnbc.com/id/24953327/page/2/ :NTVMSNBC)

Karacaoğlan'ın Sazından Ayırdılar

Osmaniye'nin Düziçi ilçesindeki Karacaoğlan heykeli, 2003 yılında Belediye Başkanı Abdulmuttalip Öner tarafından Çukurova Üniversitesi Güzel Sanatlar Fakültesi Öğretim Görevlisi Selma Tahbeler'e yaptırıldı. İlçenin girişindeki heykelde, Karacaoğlan'ın elinde bulunan saz önce parçalandı. Sonra da, yeniden yapılarak yerine konuldu.

Diyojen Hep Tartışıldı

Geçtiğimiz aylarda Başbakan'ın Bizans İmparatoru Romen Diyojen'le karıştırdığı, Sinoplu filozof Diyojen'in 2006'da doğduğu kente dikilen heykeli de tartışma yarattı.

Dönemin Belediye Başkanı tarafından Samsun Belediyesi Heykel ve Seramik Atölyesi'nde yaptırılan 5.5 metre yüksekliğindeki heykel, Ekim 2006'da Sinop Otogarı girişine dikildi. Ancak heykel bazı parti il başkanlarının tepkisini çekti.

MHP İl Başkanı, Sinop'ta birçok sorun varken 50 bin YTL'ye heykel dikilmesinin anlamsız olduğunu savunup, "*5 bin yıl önce yaşamış birinin heykelini dikiyoruz. Bu heykel, AKP hükümetinin dış politikada bu kadar yetersiz olduğu bir dönemde, Karadeniz'de Pontus devleti hayali kuran dış güçlerin düşüncelerini destekler. Elinde fenerle 'Adam arıyorum adam' diye dolaşan biri Sinop halkına hakaret etmiştir. Sinop'ta adam yok muydu?*" diye konuştu.

Saadet Partisi İl Başkanı da, heykelin dikilmesinin gereksiz olduğunu savundu.

DSP İl Başkanı ise, *"Ben heykelin dikildiği yere karşıyım. Şehrin en güzel yerine yapılmamalıydı"* dedi.

Diyojen heykeli

Türkiye'nin heykelle imtihanı!, http://www.ntvmsnbc.com/id/24953327/page/2/ :NTVMSNBC

Atı Hadım Ettiler

Mart 2008'de Denizli'de CHP İl Başkanı, Denizli Belediye binasının önündeki Atatürk heykelinde atının cinsel organının AKP'lilerce koparıldığını iddia etti ve ardından Prof. Tamer Başoğlu'nun yaptığı ve 1981'de Denizli Belediyesi'nin önüne dikilen heykelin fotoğraflarını gazetecilere dağıttı.

İl Başkanı, "*AKP'li belediye Atatürk anıtındaki atın cinsel uzvunu koparıp, boyamış. Kendilerini sanata yaptıkları saldırıdan ötürü kınıyoruz. Atatürk'ün atının cinsel uzvu yakın zaman önce vardı. AKP'liler'in kopardığını ya da koparttıklarını düşünüyoruz*" diyerek sözlerini sürdürdü.

Denizli Belediye Başkanı ise, göreve geldiği 2004 yılına ait olduğunu söylediği heykelin fotoğraflarını gösterip iddiaları yalanladı. Başkan, "*Görüyorsunuz heykelde hiçbir değişiklik yok. Böyle muhalefet olmaz. Buna dense dense kepazelik denir*" dedi. Heykeli yapan Prof. Başoğlu ise "*Atın cinsel uzvunun koparıldığını iddia edenlere gülüyorum*" şeklinde konuştu.

Türkiye'nin heykelle imtihanı!, http://www.ntvmsnbc.com/id/24953327/page/2/ :NTVMSNBC

Belediye Başkanı ve eşi ATATÜRK'ÜN yanında!

İzmir'in Torbalı ilçesindeki Atatürk de heykeli ilginç bir tartışmaya nedenoldu.

Üç parçadan oluşan heykelde, Atatürk'ün iki yanında bulunan "erkek ve kadın figürlerin", dönemin Belediye başkanı CHP'li İ.U ve eşine benzediği iddiaları, heykeli Türkiye'nin gündemine getirdi. Tartışmalar üzerine heykeldeki erkek figürünün yüzü değiştirilip, 20 ay sonra yeniden yerine dikildi.

Türkiye'nin heykelle imtihanı!, http://www.ntvmsnbc.com/id/24953327/page/2/ :NTVMSNBC

Yörük Efe bıyıklı mıydı, köse miydi?

Aydın'ın ulusal kahramanı Yörük Efe bıyıklı mıydı, köse miydi? Köseden efe olur mu, olmaz mı? Bu sorular sadece Aydın'ı değil, bütün Ege'yi ikiye böler. Kurtuluş Savaşı'nda Yunan ordusunu yıpratarak Türk ordusuna yardımcı olan Yörük Ali Efe'nin anısına, ölümünden 46 yıl sonra Aydın'da bir anıt dikilmesi kararlaştırılır. Ancak, heykelin açılışıyla birlikte Efeler Derneği ayağa kalkar. Bıyıksız efe olmayacağını söyleyen dernek başkanı, heykeli efeliğe hakaret olarak nitelendirir ve heykel için sanatsal bir eleştiri de getirir: "*Heykel oturan değil, nişan alan bir efe olmalıdır"*. Sonunda Yörük Ali'nin oğlu hikayeci-yazar Cengiz Yörük bulunur. Yörük '*Babam sarışındı, bu yüzden eski fotoğraflarında bıyığı seçilmiyor'* demesi üzerine heykel sökülür, bıyık yapıldıktan sonra 1998'de yerine tekrar konulur. Fakat tartışma yine bitmez. Bu kez de bir grup folklorcü, bıyıklı heykeli protesto eder. Hatta grup '*bıyıklı efe heykelini istemeyiz'* diyerek anıtın önünde sazlı-sözlü gösteri yapar. Heykelin bıyıkları hala tartışılıyor olsa gerek.

Eylül 2000'de, Balıkesir Edremit ilçesinde de 'Sarıkız Heykeli' kriz çıkarmıştır. Yıllardır Barbaros Meydanı'nda duran ve ilçenin simgesi konumundaki heykelin göğsünün göründüğünü söyleyen Fazilet partililer, konuyu belediye meclisine getirmiş ve "*bu heykel Sarıkız'ı sembolize edemez*" demişlerdir.

Yörük Ali ve Sarıkız heykelleri

Türkiye'nin heykelle imtihanı!, http://www.ntvmsnbc.com/id/24953327/page/2/ :NTVMSNBC

Memleketim

Müstehcen özgürlüğe 16 yıl

Atatürk'ün doğumunun 100. yılı dolayısıyla Samsun'a bir heykel yaptırılması kararlaştırıldı. 1981 yılında yaptırılan barış ve özgürlüğü simgeleyen iki bronz heykel, müstehcen bulununca dönemin Cumhurbaşkanı Kenan Evren'e şikayet edildi. Bu şikayet sonucunda anıt depoyu boyladı. 16 yıl boyunca burada kalan heykellerin imdadına, Tümgeneral Doğu Silahçıoğlu yetişti. Silahçıoğlu daha önce de diktirdiği Atatürk heykeli nedeniyle Sultanbeyli belediye başkanı ile tartışmaya girmişti. Komutanın emri ile heykeller 16 yıl sonra tekrar yerine dikildi. Şu anda Yaşar Doğu Spor Salonu'nun yanında duruyor.

SAMSUN-Mart 2000

EDREMİT-Eylül 2000

Sarıkız'ın memeleri

Balıkesir Edremit'te dört yıl önce Sarıkız Heykeli krizi çıktı. Yıllardır Barbaros Meydanı'nda duran ve ilçenin simgesi konumundaki heykelin göğsünün göründüğünü söyleyen Fazilet Partilililer konuyu belediye meclisine getirdi. 'Bu heykel Sarıkız'ı sembolize edemez diyen FP Balıkesir İl Sekreteri Cengiz Acar ve taraftarlarına cevap MHP'li Belediye Başkanı Tuncay Kılıç'tan geldi: "Haklısınız, Türk-İslam menkıbelerine sahip çıkmak bizim görevimiz." Ancak Sarıkız'ın memeleri dört yıldır hâlâ ortada.

BEYOĞLU-

Özbey, S. Hürriyet Pazar Eki, 15 Şubat 2004, s.1, 12-13

Cihangir Güzeli

Beyoğlu Cihangir Güzelleştirme Derneği tarafından, Cihangir Parkı'na dikilen 'Cihangir Güzeli' adlı heykel de, tahrik edici bulunup gözden uzaklaştırılan heykeller arasına girmiştir. Ağustos 2001'de bölgede otopark işleten ve beslediği kuzuyu parkta otlatırken dernek üyeleriyle tartışmaya giren bir kişi, *'Bu heykel beni bile şehvete getiriyor. 15 yaşındaki çocuklar görünce kim bilir neler olur'* diyerek heykeli

arkadaşlarıyla birlikte kaidesinden söker. Bunun üzerine polis tarafından gözaltına alınır.
(Türkiye'nin heykelle imtihanı!,: http://www.ntvmsnbc.com/id/24953327/page/2/ :NTVMSNBC). Eserin sahibi sanatçı İnayet Türkoğlu, saldırıyı duyunca hiç şaşırmadığını, hatta kızamadığını söyledi. Türkoğlu, "*çünkü onlar bu eğitimi almamışlar*" diye devam etti. Bu heykeli, çıplak heykellerin kaldırılma olayını protesto etmek için 1985 yılında yaptığını, heykelin adının da o dönemde 'Muzır Çıplak' olduğunu söyleyerek konuşmasına devam eden sanatçı, "*sergilenmesi için bir çok yere başvurmuştum, ancak kabul edilmemişti. Sonunda Cihangir Parkı'nda sergilenmesine karar verildi*" dedi. (Güven, Ö., 9 Ağustos 2001, s.3).

Eserin sahibi heykeltıraş İnayet Türkoğlu, "toplumda nasıl yaşayacaklarına ilişkin eğitim almadıkları için" saldırganlara kızmadığını belirtti.

Cumhuriyet: 9 Ağustos 2001, s.3.

Gazi Üniversitesi: Heykelleri kıramayınca kaldırdık

Gazi Üniversitesi Rektörlük Binası için tasarlanmış kadın ve erkek figürlü heykeller kaldırıldı. Rektör Danışmanı, "*Daha çok solun sahip çıktığı bir figürdü. Kırmak istedik de başaramadık*" diyerek yapılanı savundu.

"*Tükürürüm böyle sanatın içine*" zihniyetinin heykel takıntısı, bu kez Gazi Üniversitesi'nde baş gösterdi. Gazi Üniversitesi öğrencileri ve akademisyenleri Heykeltıraş Ali Hadi Bara'ya ait olduğu düşünülen "gençliğin ve geleceği temsil eden" heykellerin Resim-İş eğitimi Bölümü'nden kaldırılmasının şokunu yaşıyor.

2,70 boyundaki kadın ve erkek figürlü bronz heykeller geçtiğimiz Pazar günü bulundukları yerden kaldırıldı. Heykellerin okul yönetimi tarafından hiçbir bilgi verilmeden müze deposuna kaldırılması "müstehcenlik" iddialarını da beraberinde getirdi. Heykellerin müstehcen bulunduğu için kaldırıldığını söyleyen akademisyenler ve öğrenciler duruma tepkili.

Son durak müze deposu oldu.

Kadın ve erkek figürlü iki heykelin hikayesi ise bir hayli ilginç. Konuyla ilgili görüştüğümüz akademisyenler Gazi Üniversitesi binasının mimarı olan Mimar Kemaleddin Bey'in projede heykellere yer verdiğini, iki bronz heykelin de Gazi Üniversitesi Rektörlük Binası'nın girişindeki iki sütunun önüne yerleştirildiğini ancak 1970'li yıllarda, dönemin okul yönetimi tarafından heykellerin yerinden sökülerek, şimdilerde kapalı olan Görme Engelliler Okulu'na nakledildiğini aktardı. Buna göre nakil, 40 yılı aşkın bir süredir ilk yerlerinde duran heykellerin ilk sürgünü oluyor. Görme Engelliler Okulu'nun kapanmasıyla birlikte okulun bahçesine taşınan heykeller, bir süre de burada tutulduktan sonra *"sokaktan gelip geçenler, bu çıplak heykellere ne der"* diyen yönetimin kararıyla Gazi Üniversitesi Resim-İş Eğitimi Bölümü'nün girişindeki koridora getiriliyor.

Bölümün simgesi haline gelmiş bu heykeller geçtiğimiz Pazar günü sessizce, oldukları yerden alınıp, Gazi Üniversitesi Resim Heykel Müzesi'ne kaldırıldı. Yöneticilerin öncesinde duyuru yapmaması ve öğrencilerin okulda olmadığı günü seçmiş olması şüphe uyandırdı. Aynı zamanda heykellerin kaldırıldığı gün, heykellerin fotoğraflarının da üniversitenin internet sitesinden kaldırılması, akıllara planlı hareket edildiğini getirdi. Öğrenciler, heykelleri görmek için müzeye gittiklerini ve heykellerin paravanlarla kapatıldığını söylerken akademisyenler ise heykellerin müzeye taşınmasının "yer değiştirme değil tecrit"olduğunu vurguladı.

Tepkiler üzerine konuya ilişkin açıklama yapan Gazi Üniversitesi Rektör Danışmanı ise heykellerin "ateist" Milli Eğitim Bakanı Hasan Ali Yücel zamanında yaptırıldığını ve zamanında kırmak istedilerse de başarılı olamadıklarını söyledi ve Facebook sayfasından skandal sözlerini şöyle sürdürdü: "*Daha çok solun sahip çıktığı bir figürdü. Alakasız şeyleri alakasız yerlerde sergilemek cahilliktir. Burası üniversite, bu heykeller ya beden eğitimine konur ya da hurdaya verilir. Resim bölümüne yakışan dünya normlarında nasıl bir heykel gerekiyorsa o yapılır."(Sol Portal, 4 aralık 2013)*

Yüce, S.N., Sol-Portal, 4 aralık 2013, Gazi Üniversitesi

Otoparkın yuttuğu heykel

Sunay Akın, heykeller üzerine yazdığı bir yazıda şunları aktarmıştır:

"İstanbul'da otomobilin görülmediği bir sokak yoktur, diye yazsak herhalde yanılmış olmayız. Birçok sokak iki yanlı park eden otomobiller yüzünden yayaların yürüyemeyeceği bir görünümdedir. Her geçen gün otomobil sayısı arttıkça trafik sıkışıklığı, ses ve hava kirliliğinin yanında otopark sorunu da giderek büyüyor.

Kat otoparkları ve yol kenarlarının yanı sıra boş arsalar da park sorununun çözümüne merhem olma çabasındadır. İstanbul'un tarihi dokusuna yakışmayan bu görüntü kirliliği ne yazık ki, parkları ve meydanları da tehdit ediyor. Taksim'i de!...

Taksim gezi parkının meydana bakan yüzü otopark olarak kullanılıyor. Ulusal bağımsızlığımızı simgeleyen Cumhuriyet anıtının birkaç metre ötesinde yaşanılan bu görüntü kirliliğinin İstanbul'a ve de en önemlisi Kurtuluş Savaşımızın anısına yakışmadığı son derece açıktır. Park alanına yayılan Taksim Meydanı Otoparkı henüz Cumhuriyet anıtını yutamamış olsa da, 1993 yılında açılan bir yarışmayı kazanarak yerine konulan Adem Yılmaz'ın heykelini midesine indirmiştir çoktan!.. Zavallı heykel, park eden otomobillerin arasından her gün bağırarak yardım istemektedir gelip geçenden... Ama, başlarımız öylesine öne eğik, düşüncelerimiz öylesine sisli ve kulaklarımız öylesine çığlıklarla dolu ki, duyamıyoruz bu haykırışı!......

İstanbul'un en işlek bir meydanında her gün işlenen bu cinayete sessiz kalmamalı, görmeden geçmemeliyiz. Bir heykel "şunu kaldırsalar da iki otomobil daha park ettirip biraz daha fazla para alsak" hesabına alet edilmemelidir." (S.A: http//www.milliyet.com.tr/1998/05/11/sanat/san01.html).

Sunay Akın, "Otoparkın yuttuğu heykel",
http//www.milliyet.com.tr/1998/05/11/sanat/san01.html

İnönü ve Bayar'dan sonra Çetin Emeç'in büstü de çalındı!

Hürriyet Gazetesi, Kadıköy Belediye Başkanı S. Öztürk tarafından, dün 20.20 sıralarında aradı; "*Sahilyolu'nun Suadiye kesimini kapsayan Çetin Emeç Bulvarı üzerinde Suadiye Oteli'nin önündeki Çetin Emeç'in büstünü de çaldılar. Biz bunlarla ne yapacağız?*" dedi. Başka olayı, yoldan geçerken bir anda fark etmiş ve hemen polise haber vermiş.

Öztürk, üç ay kadar önce de Çiftehavuzlar'da Celal Bayar'ın evinin bahçesindeki Bayar büstü ile Fatih Köprüsü'ne giden Sahrayı Cedit Caddesi'ndeki İsmet İnönü büstlerinin de kısa aralıklarla yerlerinden çalındığını söylüyor. İnönü'nün büstünü, motosikletli üç kişinin götürdüğü tespit edilmiş, ama yakalanamamış.

Öztürk, "*Bayar ve İnönü'nün büstlerini Dr. Tankut Hoca'ya yeniden yaptırıyorum. Emeç'i de yaptıracağım*" şeklinde konuştu.

Neden çalınmış olabilir, sorusuna cevaben de;

''*Anlamadım. Bunlara çok önem veriyor, çevresine özel bir ilgi gösteriyorduk. Siyasi yanı varsa, Emeç'i öldüren malum zihniyet hâlâ faaliyette demek ki. Büstler bronzdu ve kıymetli parçalardı. Polis çözecek.*' Diyerek sözlerini tamamlıyor. (Bayer, Y., 31 mayıs 2001: http://hurarsiv.hurriyet.com.tr/goster/haber.aspx?id=-246190)

Heykellere Saldırdılar!

İzmir'de de parkları, meydanları süsleyen bir çok heykel saldırıya uğruyor. Heykel tacizcileri son saldırılarını Hatay, Alsancak ve Üçyol semtlerindeki heykeller üzerinde gerçekleştirdiler. Hatay'da Türk Kadınlar Birliği Parkı'nda üstleri çıplak olan ve ellerinde lamba tutan beyaz renkli balerin heykellerinin göğüsleri ve bacak araları sprey boyalarla boyandı ve heykellerin bir çok yeri çizildi. Alsancak'ta da Mahmut Esat Bozkurt'un yaptığı heykelin yüzü, makyaj boyasıyla boyandı ve kulakları da kırıldı. Heykel tamir için depoya kaldırıldı. Yine , Üçyol'da Uğur Mumcu Parkı'nda bulunan at heykelinin kuyruğu çalındı.

Belediyenin yaptığı açıklamaya göre, "*tüm alınan önlemlere rağmen bu olayların önüne geçilememektedir. Bunlar, kente ve sanata saldırıdır",* deniliyor. (Oğuz, M, 28 Haziran 2005, s.3).

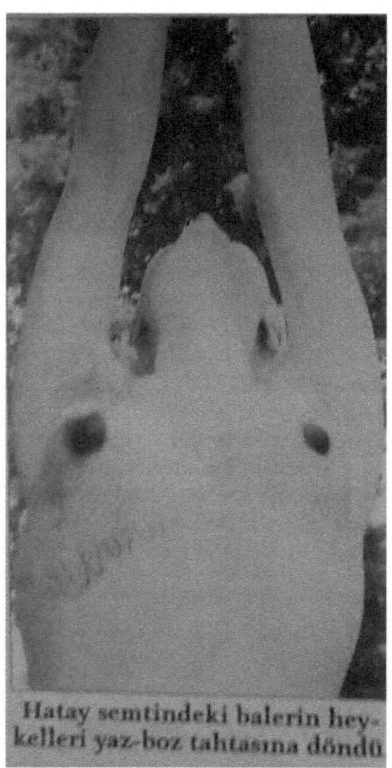

Oğuz, M. : İzmir'de "Saldırılan Balerin" heykeli

Heykeller Çalınır diye depoladılar!

İzmir'in simgesi heykellerin uğradığı saldırılar yüzünden; "1. Heykel günleri sempozyumunda" yapılan heykeller "çalınır korkusuyla" yerlerine konulamıyor!

İzmir Büyükşehir Belediyesi, ellerinde demir testereyle gezenlerin heykelleri kesip hurdacılara sattığını bazılarının da heykellere boyalarla saldırdığını söyledi. Belediye başkanı "*biz her heykelin başına bir adam dikemeyiz. Heykelleri, o kentin halkı korumalı, sahip çıkmalı. Kamu malı olan heykelleri çalmanın kırıp dökmenin ağır bir suç sayılması gerekir . Bununla ilgili gerekirse yasal düzenleme yapılmalı*" şeklinde konuştu. Ayrıca düzenlenen "Uluslar arası 1. Heykel günleri sempozyumunda" yapılan yerli ve yabancı heykellerin de çalınacağı endişesi ile, yerlerine yerleştirilememelerinden de yakındı. Ve devam etti; "*sanatçılarımızın büyük emeklerle yaptığı bu heykeller, şu anda atölyemizdeki depomuzda duruyor. Metalden yapılan bu heykelleri meydanlara dikseydik yerlerinde bulamazdık. Nitekim çalınıp hurdacılara satılırdı. Onları güvenli kapalı alanlara dikmeyi düşünüyoruz. Ancak, heykeller çalınıyor diye de heykel yapmaktan vazgeçmemeliyiz. Bizden 'bu heykellere bu kadar fazla para verip yaptırıyorsunuz' şeklinde kızıp eleştirenler de söz konusu. İzmir çağdaş bir kenttir ve bu kente yakışanı yapmaya devam edeceğiz".* (Oğuz, M., 14 Ocak 2007, s.4)

Oğuz, M: İzmir'de Çalınmasından endişe duyulan heykeller

Orhan Veli'nin martısının başına gelenler...

Orhan Veli'nin ölümünün ardından arkadaşları, İstanbul Türküsü şiirini vasiyet kabul ederek, O'nu Rumeli Hisarı'nda Aşiyan Mezarlığı'na gömerler.

Otuz sekiz yıl sonra yapılan Orhan Veli heykeli de, sahildeki küçük parka konur. Elinde bir kitap tutan şair, Boğaziçi'ni seyretmektedir ve hemen arkasında da bir martı vardır. Kimi zaman deniz kenarında el ele yürüyen sevgilileri, kimi zaman gecenin karanlığını yırtarak geçen araba farlarını, kimi zaman da hemen önünde balık tutanları izlese de birkaç metre ilerisindeki boğazın sularında elini ıslatamamanın, denizin suyunu yüzüne çarpamamanın acısını duyar.

Asıl büyük acısı ise boğazda gördüğü yoğun deniz trafiğidir. Hele hele martılar gün geçtikçe azalırken, artan deniz kazaları...

Yıllardır gece-gündüz bir bekçi gibi izlediği boğazın sularında, yüreciğini ağzına getiren her kazadan sonra biraz da yağmurun yardımıyla gözyaşı döktüğü bile görülmüştür.

Denizi kim sevmez
Üstünde ve kenarlarında
Balık
Tutulduktan sonra.

Boğazın iki yakası olduğuna ve bu iki yakada daha çok balık tutan olduğuna göre, Orhan Veli'nin boğazı neden daha çok sevdiğini anlayabiliriz ve heykelin konduğu yerin seçiminin nedenini de...

Yeri gelmişken 'martı kuşu'na da biraz değinmek gerek. Heykel yapıldıktan sonra, bir gün bu martı çalınır ve heykeltraşlar tarafından tekrar yapılarak aynı kayalığın üzerine uçurulur. 12 yıldır kanatları açık duran bu martıyı, en yorgun martı ilan edebiliriz ama, bu yeterli değildir. Aynı zamanda en ıslak martıdır da. Çünkü temmuz 1999'da bir balıkçı, heykelin arkasında bulunan martının 'abisini' yakalar. Evet, martıyı çalan kişi onu denize atmıştır ve sonunda bir balıkçının ağına yakalanmıştır o da. İşin garip yanı, bu olay yalnızca Kanal D Haber Merkezi'ne konu olmuştur.

Olay tıpkı Şair Eşref'in mezar taşının çalınması gibidir. Şöyle ki;

Kabrimi kimse ziyaret etmesin Allah için
Gelmesin, reddeylerim billahi öz kardaşımı
Gözlerim ebnay-i ademden o rütbe yıldı kim
İstemem ben fatiha, tek çalmasınlar taşımı!

Manisa, Kırkağaç'ta gömülü olan şairin mezar taşı da, ölümünden 25 sene sonra çalınmıştır... (Özsoy, M.Ş.:http://www.orhanveli.net/orhanveli.html).

Aşiyan "Orhan Veli Anıtı"
(Özsoy, M.Ş.:http://www.orhanveli.net/orhanveli.html).

Belediye heykeltıraş oldu!

Ümit Öztürk'ün Yeşilköy'deki heykelini yıkan Belediye, sanatçı mahkemeye gidince bir benzerini yapıverdi...

"Atatürk Havalimanı'nın girişindeki heykeli hatırlar mısınız?" diye sorar Ahu Antmen yazısında ve devam eder.

"*Açık alan projeleriyle tanınan heykeltıraş Ümit Öztürk'ün 1993'te Yeşilköy'e yerleştirilen ' İstanbul ' adlı soyut bir heykeliydi bu ve İstanbul'un, dünya üzerinde iki kıta üzerine oturmuş tek kent olma özelliğini simgeliyordu. Geçen yıl bir de baktım yok. Sordum soruşturdum, havalimanı kavşağındaki değişiklik nedeniyle kırılmış, yok edilmiş. Şaşırdım desem yalan olur. Açıkçası İstanbul koşullarında esas şaşırtıcı olan, 16 yıldır yerinde duruyor oluşuydu. Nurettin Sözen döneminde İstanbul*

Büyükşehir Belediyesi'nin gerçekleştirdiği 'Açık Alanlarda Çağdaş Sanat' başlıklı proje kapsamında Öztürk'ün heykeli gibi İstanbul'un çeşitli semtlerine yerleştirilen heykellerin çoğunun yerinde yeller esiyor bugün. Yerinde duranlarsa zaten acil bakıma muhtaç. Bu heykeltıraşlardan Işılay Kür, bir zamanlar Kadıköy'de duran heykelinin izini bile sürememiş".

"Ümit Öztürk ise, kırılan heykelinin hesabını sormaya karar vermiş, İstanbul Büyükşehir Belediyesi'ne dava açmış. Durum böyleyken, geçenlerde havalimanının önünden geçiyorum, bir de baktım heykel orada! Bu kez şaşırmadım desem yalan olur: Heykel kırılmıştı, bildiğim kadarıyla sanatçısı Ümit Öztürk yenisini yapmamıştı, o halde bu heykel nereden çıkmıştı böyle? Heykeli yeniden yapmaya soyunan heykeltıraşın kim olduğunu, yüzünde tarif edilemez bir buruklukla aktaran Ümit Öztürk'ten öğrendim: Belediyenin tayin ettiği bir inşaat şirketi. Sağolsunlar, benzetivermişler Öztürk'ün heykeline çabucak! Ölçüler, malzemeler başka, sanatçının rızası elbette ki yok, ama olsun, 'bakın heykel yoktu şimdi var', dahaneistiyorsunuz?

Daha doğrusu, biz bu kentte heykel istiyor muyuz?.. Yaşadığımız deneyimler, çoğumuzun etrafımızdaki heykellerin farkında bile olmadığını, olsak bile sahiplenmediğimizi gösteriyor. Yoksa belediyelerin korumakla görevli olduğu heykeller ya tahrip edilmiş ya da bakımsızlıktan çürüyor olmazdı. Pek farkında olmasak da kolektif bellek paylaşımında, yani 'biz' duygusunun oluşumunda açık alanlara yerleştirilen heykellerin, anıtların önemli bir işlevi var. Gerçi elbette ki her heykelin aynı etkiyi uyandırması beklenemez: Heykel vardır sızıverir insanın yaşamına (Kadıköy'ün Boğa'sı gibi), heykel vardır bir türlü 'yer'leşemez yerine." Ümit Öztürk'ün bir uçak kanadını andıran heykeli de bana göre, 1990'lardan beri havalimanı kavşağının heykeliydi, oralı olmuştu. Zaten orası için tasarlanmış mekâna özgü bir yapıttı. Belediye bütün bu yıkıp dökme ve yeniden yapma işini sanatçıyla birlikte çözümleyebilirdi. Oysa belki kimin yaptığını bile bilmiyorlardı heykeli: yerel yönetimlerin birbirine aktardıkları bir arşiv var mi ki, bir bellek var mı? Heykelin bir inşaat şirketine yeniden yaptırılması kadar rencide edici bir hareket düşünemiyorum: Bu, yaşadığımız kentte sanatın ve sanatçının değerinin resmi anlamda apaçık göstergesi."

(Antmen,A.,27/10/2010: http://www.radikal.com.tr/kultur/belediye_heykeltiras_oldu-1025781).

Radikal: Ümit Öztürk ve heykeli

Balerin heykelini kim kırdı?

Gaziantepli heykeltıraş Cumhur Dinçer Atakan, Gaziler Caddesindeki heykel atölyesinde 8 ayda "beyaz balerin" adını verdiği heykelini tamamlar. Ancak bu heykel geçen günlerde bir gece parçalanıp kırılır. Sokakta sergilediği bu heykeli, sabah geldiğinde atölyesinde kırılmış halde gören sanatçı, bu durumdan şoke olur. Bunu yapanı tahmin ettiğini söyleyen heykeltıraş kendisine heykeliyle ilgili olarak " *bu putu gözümüzün önüne dikme, başka yere kaldır"* dediklerini söyleyerek konuşmasını sürdürür; "*ben de bunun put olmadığını, bir heykel olduğunu söyleyerek, aynı yerde sergilemeye devam ettim, ertesi günü atölyem geldiğimde heykeli yerde kırılmış buldum, 8 ayda tamamlamış olduğum 'balerin heykeli' sanat düşmanlarının saldırısına uğramıştır"*, diyerek üzüntüsünü dile getirmiştir. Heykeli kırdığı düşünülen kişinin ise savunması oldukça ilginçti; "*benim dinimde heykel diye bir şey yok! O heykeli ben kırmadım, ama kıranı görseydim de engel olmazdım…*" (Düzgün, N., Haziran 2003, s.5).

Balerin heyk
kim kırdı

Heykeltıraş Cumhur Dinçer Atakan'ın atölyesinin önüne diktiği 'Beyaz Balerin' adlı heykel gece bilinmeyen kişilerce kırıldı. Atakan, heykelini 'put' diye niteleyen 'Hacı' lakaplı Ahmet Karabay'ın kırdığını iddia ederek savcılığa suç duyurusunda bulundu.

GAZIANTEPLI heykeltıraş 45 yaşındaki Cumhur Dinçer Atakan'ın Gaziler Caddesi'ndeki Öteki Heykel Atölyesi'nde 8 ayda yaptığı "Beyaz Balerin" adlı heykel,

Heykeltıraş Cumhur Dinçer

Atölyesinin 57 yaşındaki Karabay'ın lokantasıyla aynı sokakta olduğunu belirten Atakan, şunları söyledi:

Düzgün, N. : Cumhur Dinçer ve Kırılan heykeli

Saldırıya Uğrayan heykeller

•Kırklareli'nin Lüleburgaz İlçesi'nde üç resim öğretmeninin kurmaya çalıştıkları sanat merkezinin dış cephesine, betondan yaptıkları Leonardo da Vinci'nin ünlü 'Altın Oran' figürlü rölyefi, kimliği belirlenemeyen kişi ya da kişiler tarafından, "*buraya kilise mi yapılıyor*" denilerek parçalandı.

Lüleburgaz'da Kırılan eser
http://www.doganhasol.net/saldiriya-ugrayan-heykeller.html

•Taksim Gezi Parkı **(Adem Yılmaz)**: Heykelin cam bölümleri birkaç kez kırıldı, belediye yeniledi. Son yıllarda ise iyice bakımsız kaldı, içinde sokak çocukları barınmaya başladı. Son olarak da heykel yerinden kaldırılarak 'ilk düşen eser' oldu.

•Tünel **(Ayşe Erkmen)**: Belediye yönetiminin değişmesiyle önce heykelin çevre düzenlemesi değiştirildi, sonra da tahrip edilmeye başlandı. Son olarak Yaya

Sergisi kapsamında styroporla kaplanan heykel, styroporlar yanınca ya da yakılınca, eriyerek yok oldu.

•Maçka Parkı **(Rahmi Aksungur)**: Heykelin içinde bakımsızlıktan bodur ağaçlar çıktı. Etrafı çöplük haline geldi. Son olarak da heykelin ön bölümü kırılınca görüntüsü değişti.

•Yenikapı **(Vedat Somay)**: Üzerine yapılan resimler ve duvar yazıları nedeniyle tanınmaz halde. Bulunduğu platform ise, kırık bira şişeleriyle kötü bir görüntünün içinde.

•Kadıköy **(Işılar Kür)**: Heykel uzun süredir bez afişlerin asıldığı direk vazifesini görüyor. Bakımsızlıktan ayakları hasar gördüğü ve korozyona uğradığı için yıkıldı yıkılacak. Şimdi de Kadıköy'deki hafif metro şantiyesinin içinde kaldı.

•Yıldız **(Mümtaz Işıngör)**: Ihlamur'daki heykel, sanatçısı ikna edilerek başka bir bölgeye taşındı, yerine Beşiktaşlı Hakkı Yeten'in heykeli yerleştirildi.

•Üsküdar **(Meriç Hızal)**: Boğaz'dan geçen gemilerin görmesi için tasarlanan, üzerindeki aynaya bakarak Boğaz'ı yansıtması planlanan heykel, çevresindeki iskele ve motor trafiği nedeniyle bu işlevinden uzaklaştı.

•Kabataş **(Ertuğ Atlı)**: Heykel, bitişiğindeki metro şantiyesi ve çevresinde yükselen ağaçlar nedeniyle adetâ kayboldu.

•Lütfi Kırdar Kongre Merkezi ve Atatürk Havalimanı: 10 heykel içindeki en bakımlıları... Henüz tahrip olmamış durumdalar.

•Eylül 2007'de Afyon Emirdağ'da bulunan Atatürk heykeli çok yıprandığı ileri sürülerek kaldırılmış ve yalnızca dört kişinin bildiği bir yere gömülmüş. Belediye Başkanı, *"Alnıma silah dayasanız yerini söylemem"* demiş.

•**Gencay Kasapçı** bir sergisinin açılışında şunları söylüyordu: *"Kültür Bakanlığı kanalıyla Mersin'e iki heykel yapmıştım. Ama, şu anda o heykellerin durumu felaket. Birinin önüne palmiye ağaçları dikilmiş ve heykel görünmüyor. Diğerini ise diktikten hemen sonra kırmışlardı, tekrar yapmıştım. Yine kırmışlar. Sürekli aynı şey oluyor. Sergiden sonra Mersin'e gidip o heykellerin imha edilmesini isteyeceğim."*

Heykel kırıcılığı yalnızca üç büyük şehrimize özgü değil, başka şehirlerimizde hattâ Avrupa'daki şehirlerimizde (!) bile var.

•İşte, Viyana kaynaklı bir haber: *"Alman asıllı heykeltıraş **Olaf Metzel**'in, Viyana'nın Karlsplatz bölgesindeki çevre yolu kenarına diktiği ve 'Türk lokumu' adını verdiği 'türbanlı çıplak kadın' heykeli, kimliği belirlenemeyen kişilerce yıkıldı. Viyana'da yaşayan Türklerin tepkisini çeken heykel protesto edilmişti. Avusturya basınında yer alan haberlerde heykelin 'Türkler tarafından ya da ortamı germek isteyenler tarafından da yıkılmış' olabileceği yazıldı."*
http://www.doganhasol.net/saldiriya-ugrayan-heykeller.html

Haberler bitmiyor…

"Arhavi'de Dostluk heykeli, testereyle parçalanmaya çalışıldı. Yalova'da Onno Tunç'un uçağının düştüğü Kaz Dağlarına yapılan anıt, tam üç kez saldırıya uğradı. Kocaeli'nde Roma döneminden kalma heykellerin bir kısmının üzerine yağlı boya döküldü, Narlıdere'de Âşık Mahsuni Şerif heykelinin sazı kırıldı…. ". (Öztan, G., 2006)

ARALIK 2006; Türk Kadınlar Birliği Edirne Şubesi'nce Cumhuriyetin 80'inci yıldönümünde Fatih Mahallesi'ne dikilen 'Özgür ve Çağdaş Kadın' heykeli, kaidesinden koparıldı.

ŞUBAT 2007; İstanbul'da Cihangir Parkı'nda bulunan, karikatürist, mizah yazarı Oğuz Aral anısına yaptırılan heykel kimliği belirsiz kişilerce benzin dökülerek yakıldı.

ARALIK 2007 ;Buca'da bulunan ve bir zamanlar ilçenin geçimini üzüm bağlarından sağladığını, omzunda üzüm sepeti taşıyarak simgeleyen kadın heykeli, 2007 yılbaşı gecesi parçalandı.

AĞUSTOS 2008; Esenyurt'ta bulunan ünlü şair Nâzım Hikmet heykeli çalındı. Heykel ancak vinçle sökülüp taşınabilecek boyuttaydı. Failleri bulunamadı. (İnce, Ö., 11 Ocak 2011, s.18).

İşte, toplumumuzun kısır anlayışı, sanata ve sanatçıya saygısı!.. Görüldüğü gibi, sürekli yıkıyoruz... Bronzunu çalmak için, dinsel inançlarla bağdaşmadığı için, müstehcen sayıldığı için... Ya da içimizdeki vandallıktan dolayı...

Aydınlanması, eğitimi sürekli olarak engellenen bir toplumdan ancak bu kadar!..

Aklın sınırı olmadığı gibi, akılsızlığın da sınırı yok. (Doğan Hasol Resmi site; http://www.doganhasol.net/saldiriya-ugrayan-heykeller.html)

Yine 'Nü' Katliamı

Sanat düşmanları bu kez, Edirne'de müzedeki tablolara saldırdı. Edirne'de "nü" tablolar doğrandı ve müze kalan eserleri korumak için kapatıldı.

Benzer bir şekilde, İzmir Narlıdere'deki Mustafa Hazar Resim Atölyesi' nde açılan sergide 7'si nü olan 8 tablonun kimliği belirsiz kişilerce katledilmesi ardından, Edirne'de müzede yaşanan benzer olayla da müzeye kilit vurulmak zorunda kalındı. Trakya Üniversitesi 2. Bayezıd Külliyesi Çağdaş Heykel ve Resim Müzesi'nde yer alan içinde nü eserlerin yer aldığı 8 yağlıboya tablo, son altı ay içinde kimliği belirsiz kişilerce tahrip edildi. Müze, güvenlik sistemi kuruluncaya kadar ziyarete kapatıldı. Zarar gören eserler, sanat düşmanlarının yaptıklarının görülmesi için ayrı bir odaya konularak sergilenmeye başlandı. 120 eser içinde özellikle nü tablolara zarar verilmesi dikkat çekici. Müze sanat danışmanı Prof. Ali Candaş, kendisinin de bir nü tablosunun tahrip edildiğini belirterek şöyle konuştu: "*Bu yapılanın adını koymak çok zor. Müzede kamera sistemi olmadığı için, 16 salonu tek tek kontrol etme şansımız bulunmuyor. Eserleri korumaya almak için güvenlik sistemi kuruluncaya kadar müzenin kapatılmasına karar verdik*" . (Kütük, A., Özol, K., 19 Haziran 2004, s.2).

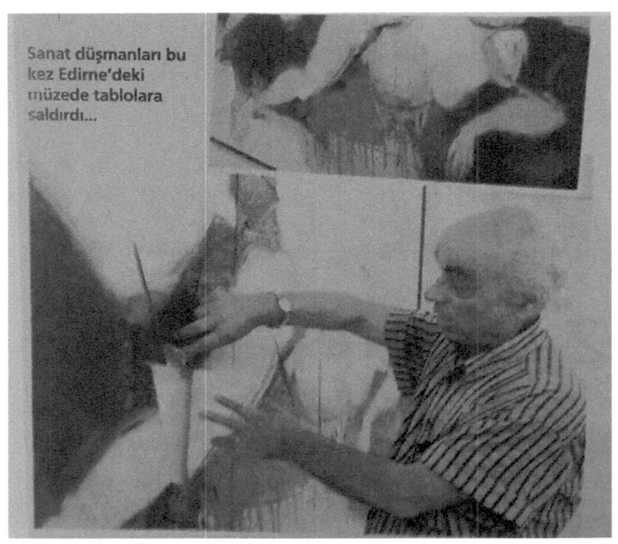

Milliyet: Parçalanan Nü Resmi

III. SONUÇ

Tüm bu saldırılar, heykelin sanatsal yaratıcılığının farkında olmayan bir toplumun göstergesidir. Heykellerle meselesini çözememiş bir ülkede, sanatın takdirini yansıtır bu nice eser. Yorumlar, karşı görüşler, memnuniyetsizliklerle, birer hikaye olarak karşımıza çıkarlar.

Başta politik ve ahlaki, sonrasında milli, dini, tarihi, ya da etnik bir çok etmene dayanarak vandalizme kurban giden sayısız eserden sadece bir kısmıdır bunlar. Peki gerçek güç, erk sahibi kimdir? Kamu, halk gerçek anlamda söz hakkına sahip midir? Duyulana ya da görülene kayıtsız bir inanç mı vardır yoksa?

Sanatçının konumunu nereye oturtabiliriz? Sanatçı, sanatçıyı ne kadar desteklemekte, ne kadar yanına olmaktadır? O halde bugün sanatı kim yönetmektedir? Sorular çoğaltılabilir ve çeşitli cevaplar da verilebilir. Ve yeni yeni tartışmalar ortaya konabilir. Önemli olan bir şeyler değişir mi, bu bilinmez. Ancak umutlarımız bu yöndedir...

KAYNAKLAR

Antmen, A. (27/10/2010) .Belediye heykeltıraş oldu. *Radikal,* http://www.radikal.com.tr/kultur/belediye_heykeltiras_oldu-1025781 (Erişim:24 Şubat 2015)

Akardaş, C. (2010-24 Mart). Sanat Aksiyonu Yarım Kaldı. *Radikal.* (http://www.radikal.com.tr/kultur/sanat_aksiyonu_akim_kaldi-987344(Erişim: 29.10.2014).

Akın, S. Otoparkın Yuttuğu heykel. (http://www.milliyet.com.tr/1998/05/11/sanat/san01.html Erişim: 12 Ocak 2015).

Aydın, G. (2 haziran 2001) Heykel hikâyeleri. *Hürriyet,* (http://hurarsiv.hurriyet.com.tr/goster/printnews.aspx?DocID=-246618)

Batmankaya, M. (22 Temmuz 1995). Bir heykel rezaleti daha. *Hürriyet,* s.13.

Bayer, Y. (31 Mayıs 2001). Heykel düşmanları. *Hürriyet,* (http://hurarsiv.hurriyet.com.tr/goster/haber.aspx?id=-246190 Erişim: 12 Ocak 2015)

Becerikli, U. (24 Haziran 2004). Heykel Düşmanları. *Sabah,* s.25.

Belge , M. (2007-11 Eylül). Heykel Savaşları. *Radikal,* 13.

Berksoy, F. (2012). *Heykelde Beden İmgeleri Türkiye'de Toplumsal Dönüşüm ve Sanat (1923-2007),* İstanbul: Mimar Sinan Güzel Sanatlar Üniversitesi.

Bu heykel birilerini fena tahrik etti. (6 Eylül 2007). *Radikal,* s.5.

Doğan Hasol Resmi site; (http://www.doganhasol.net/saldiriya-ugrayan-heykeller.html: Erişim: 26.02.2015)

Düzgün, N. (19 Haziran 2003). Balerin heykelini kim kırdı. *Hürriyet,* s.5

Evin, M. (2011-11 Ocak). Türk'ün Heykelle İmtihanı, *Milliyet.* (http://www.milliyet.com.tr/turk-un-heykelle-imtihani/mehves-evin/yasam/yazardetay/11.01.2011/1337642/default.htm (Erişim:12.11.2014).

Gökçe, G. (21 Kasım 2000). Fatih'in Atına Cinsiye Rötuşu. *Milliyet,* s.4.

Gökçe,G.(12-06-2000).Çift cinsiyetli heykel krizi. *Hürriyet,* (http://hurarsiv.hurriyet.com.tr/goster/ShowNew.aspx?id=-160776:Erişim:12 Ocak 2015)

Güven, Ö. (9 Ağustos 2001). Cihangir Güzeline çirkin saldırı. *Cumhuriyet,* s.3.

Heykel Mezarlığı. (29 Ekim 1996). *Cumhuriyet,* s.12.

Heykel Sorunu Bilirkişide. (15 Haziran 1995). *Milliyet,* s.23.

İnce, Ö. (11 Ocak 2011). Heykel Sanatı Üzerine. *Hürriyet,* s.18.

Karakuş, M. (26 Nisan 2002). İkinci Mehmet'e ikinci büyük ayıp. *Milliyet,* s.4.

Kök, K. (2011). Ucube Heykeller ve Egemen Burjuva Resmî İdeolojisi. *Sanat Cephesi Sosyalist Gerçekçi Sanat Dergisi,* 3 (6), 25-32.

Köprülü, A. (12 Kasım 2000). Heykel savaşları. *Sabah-Başkent eki,* s.3.

Kütük, A. Özol, K. (19 Haziran 2004) . Yine 'Nü' Katliamı, *Milliyet,* s.2.

Oğuz, M. (28 Haziran 2005). Heykellere Saldırdılar. *Radikal*, s.3.

Oğuz, M. (14 Ocak 2007). Heykeller Çalınır diye depoladılar. *Milliyet,* s.4.

Oral, Z. (2011-14 Ocak). Yasaklar... Nereye Kadar?. *Cumhuriyet,* 19.

Özsezgin, K. (20 Ocak 2013). Heykel düşmanları işbaşında! *Aydınlık,* (http://www.aydinlikgazete.com/yazarlar/128-kaya-ozsezgin/18562-heykel-dusmanlari-isbasinda-.html Erişim: 26.02.2015)

Özsoy,M.Ş.Kanık'sadığımBiriOrhanVeli": http://www.orhanveli.net/orhanveli.html

Öztan, G. (2006-11 Aralık). Türk'ün Heykelle İmtihanı, *Radikal.* (http://www.radikal.com.tr/haber.php?haberno=207046 (Erişim: 29.10.2014).

Refahlıların heykel düşmanlığına tepki. (30 Mayıs 1994). *Hürriyet-2,* s.4.

Şahin, B. (1998-25 Eylül). Heykele Sünnet, *Hürriyet.*

Şenyapılı, Ö. (2003). *Otuz Bin Yıl Öncesinden Günümüze Heykel*, Ankara: ODTÜ Geliştirme Vakfı.

Tekiner, A. (2010). *Atatürk Heykelleri,* İstanbul:İletişim.

Türkiye'nin heykelle imtihanı: http://www.ntvmsnbc.com/id/24953327/page/2/ :NTVMSNBC (Erişim:29.10.2014).

Türenç, T. (2004-24 Nisan). Heykel Öyküsü. *Hürriyet.* (http://webarsiv.hurriyet.com.tr/2004/04/24/448433.asp (Erişim: 29.10.2014).

Uzun Aydın, D. (2014). *Türk Heykel Sanatı ve İlk Heykeltraşlar*, Ankara:Gece Kitaplığı.

Yasa Yaman, Z., (2011). 'Siyasi/Estetik Gösterge' Olarak Kamusal Alanda Anıt ve Heykel. *METU JFA,* 28(1), 2011, 69-98. DOI: 10.4305/METU.JFA.2011.1.5.

Yazıcı, B. (2011-21 Ocak). Ucube Heykelin Gizledikleri, *Milliyet Blog* (http://blog.milliyet.com.tr/ucube-heykelin-gizledikleri-/Blog/?BlogNo=285796 (Erişim: 29.10.2014).

Yüce, S. N. (4 aralık 2013). Gazi Üniversitesi: Heykelleri Kıramayınca Kaldırdık. *Sol-Portal.* (http://haber.sol.org.tr/kultur-sanat/gazi-universitesi-heykelleri-kiramayinca-kaldirdik-haberi-83640: Erişim:26.02.2015)

Printed by Books on Demand GmbH, Norderstedt / Germany